첫 번째 책

할아버지 할머니와 함께하는
손주의 기도

김완수 지음

사무엘

할아버지 할머니와 함께하는
손주의 기도

초판1쇄 : 2020년 5월 15일

지은이 : 김완수
펴낸이 : 이규종
펴낸곳 : 사무엘출판사
주소 : 서울시 마포구 토정로222 한국출판콘텐츠센터 422-3
전화 : 02-6401-7004
팩스 : 02-323-6416
이메일 : elman1985@hanmail.net
www.elman.kr
ISBN : 978-89-961257-4-7 73230

이 책에 대한 무단 전재 및 복제를 금합니다.
잘못된 책은 구입하신 서점에서 바꿔드립니다.

값 11,500 원

첫 번째 책

할아버지 할머니와 함께하는
손주의 기도

김완수 지음

사무엘

이 책의 효과적인 활용법

* 손주의 기도는 12 권의 책이 출판될 계획입니다.

1. 할아버지 할머니와 손주가 각각 책을 가지고 있어야 효과적입니다.
2. 손주와 약속 시간을 정해 놓고 매일 매일 기도의 시간을 갖는 것이 효과적입니다.
3. 영,유아기인 손주와 할때는 무릎위에 안고 기도하는 것이 효과적입니다.
4. 안고 기도하기 힘이 들때는 앞에 안게 하고서 두 손을 꼬옥 잡고 하는 것이 효과적입니다.
5. 할아버지 할머니가 먼저 하고 손주가 따라하도록 합니다.
6. 하루에 2 쪽 이상을 넘지 않도록합니다.
7. 같이 살지 않을 때는 전화로 기도합니다. 이 때는 더욱 각각 책을 가지고 있어야 합니다.
8. 영어 기도는 할아버지 할머니가 먼저 읽어보고 준비

합니다.

9. 손주가 읽고 또 읽어서 외워지도록 하면 믿음의 사람이 되며 또 영어 공부가 충분히 되도록 하였습니다.

10. 할아버지 할머니만이 책을 가지고 기도 한다면 한권을 전부 하고나서는 꼭 손주에게 전달하여 주도록 합니다.

11. 손주의 기도 12 권을 꼭 마치도록 합니다.

12. 모든 것을 전부 하였다 하더라도 믿음 보다 더 할 수는 없습니다.

가장 효과적인 기도는 믿음과 사랑입니다!

들어가는 말

오늘날은 다수의 부부들이 맞벌이를 하는 시대인지라 그들이 직장에 간 낮시간에 할머니나 할아버지가 손주를 돌보는 경우가 흔하다. 이 책은 손주와 함께 기도하며 손주가 어린 나이부터 기도를 생활화하고 신앙심을 키울 수 있도록 도와주는 기도문들이다.

이 책의 특징은 손주가 지루하지 않게 따라서 할 수 있도록, 어린이들이 이해하기 쉬운 어휘와 간단한 문장으로 구성하였다. 기도의 내용은 어린이들에게 친근한 소재를 표현하면서 감사, 구원, 회개, 믿음, 소망 등 기도의 핵심적 내용을 골고루 담았다.

할머니나 할아버지가 한 문장씩 천천히 읽어주고 손주가 따라서 하며 기도를 마무리하면 된다. 기도문이 익숙해질 수 있도록, 같은 기도문을 몇 번씩 반복해도 좋다. 나중에 복습할 때는, 읽어주는 횟수를 점점 줄이고 손주가 혼자서 읽도록 한다. 쉬운 영어기도는 소리 내어 연습하기 바란다.

2020. 3. 24. 김완수

1. 하나님, (   )(이)가 미소를 방긋방긋 지을 때마다
   행복이 방긋방긋 피어납니다.
   예쁘고 사랑스러운 보물을 늘 지켜주세요.
   예수님의 이름으로 기도합니다. 아멘.

쉬운 영어 기도

God
하나님
O God
오 하나님
Lord
주님
My Lord
나의 주님

2. 하나님, 기쁨 천사를 보내주셔서 감사합니다.
   몸도 마음도 아름답고 깨끗하게
   무럭무럭 자라도록 도와주세요.
   예수님의 이름으로 기도합니다. 아멘.

쉬운 영어 기도

Thank You, God.

하나님, 감사합니다.

O Lord, thank You for Your love.

오 주님, 사랑해주셔서 감사합니다.

3. 하나님, (   )(이)와 함께 기도하는 복을 주셔서 감사합니다.
날마다 쉬지 않고 손잡고 기도하는 은혜 주세요.
예수님의 이름으로 기도합니다. 아멘.

쉬운 영어 기도

God, please forgive me.
하나님, 저를 용서해주세요.
Jesus, forgive my sins.
예수님, 저의 죄를 용서해주세요.

4. 하나님, (   )(이)가 여러 가지 음식을
골고루 잘 먹게 도와주세요.
하나님 말씀도 즐겁게 듣고 암송하도록 도와주세요.
예수님의 이름으로 기도합니다. 아멘.

쉬운 영어 기도

God, hear my prayer.
하나님, 제 기도를 들어주세요.
God, answer my prayer.
하나님, 제 기도를 응답해 주세요.

5. 하나님, 오늘 하루를 선물로 주시니 감사합니다.
 은혜와 사랑의 날개로 나쁜 사람들과 위험으로부터
 (   )(이)를 보호해주세요.
 예수님의 이름으로 기도합니다. 아멘.

쉬운 영어 기도

Lord, give me faith.

주님, 저에게 믿음을 주세요.

Lord, give me wisdom.

주님, 저에게 지혜를 주세요.

6. 하나님, (   )(이)가 하나님 말씀 듣는 것과
   기도하는 것을 게임 하는 것보다
   좋아하고 즐거워하도록 은혜 주세요.
   예수님의 이름으로 기도합니다. 아멘.

쉬운 영어 기도

God, You love me.
하나님, 하나님은 저를 사랑하십니다.
God, I love You.
하나님, 저는 하나님을 사랑합니다.

7. 하나님, (   )(이)가 성경 동화를 들을 때마다
   말씀의 씨가 마음에 심어지고
   믿음의 새싹이 자랄 수 있도록 도와주세요.
   예수님의 이름으로 기도합니다. 아멘.

쉬운 영어 기도

God, be with me.
하나님, 저와 함께해 주세요.
God, help me.
하나님, 저를 도와주세요.

8. 하나님, (   )(이)를 날마다 사랑해주시고 지켜주시니 감사드립니다.
   (   )(이)도 하나님의 사랑을 느끼고 감사할 수 있도록 은혜를 부어주세요.

쉬운 영어 기도

God is good.

하나님은 좋으십니다.

God is so good to me.

하나님은 저에게 매우 좋으십니다.

9. 하나님, (   )(이)가 화나는 일이 있어도
소리지르거나 울지 않고
기도하며 참을 수 있는 능력을 주세요.
예수님의 이름으로 기도합니다.

쉬운 영어 기도

God, I am happy.
하나님, 저는 행복합니다.
Thank you very much.
매우 감사합니다.

10. 하나님, (   )(이)에게 엄마, 아빠와 할머니, 할아버지를 만나게 주셔서 감사합니다.
(   )(이)도 하나님께 은혜로 알고 감사하게 해주세요. 예수님의 이름으로 기도합니다. 아멘.

쉬운 영어 기도

I Pray In the name of Jesus. Amen.

예수님의 이름으로 기도합니다. 아멘.

I Pray In Jesus' name. Amen.

예수님의 이름으로 기도합니다. 아멘.

11. 하나님, (   )(이)에게 잠을 잘 집을 주시고
공부할 유치원과 선생님을 허락해 주셔서 감사합니다.
(   )(이)도 하나님께 감사하게 해주세요.
예수님의 이름으로 기도합니다. 아멘.

쉬운 영어 기도

Jesus is my Savior.

예수님은 나의 구세주입니다.

He loves me.

그는 나를 사랑합니다.

12. 하나님, (   )(이)가 밥 잘 먹고 잠 잘 자고
응가 잘하게 해주셔서 감사합니다.
(   )(이)도 그러한 하나님의 은혜에
감사하게 해주세요.
예수님의 이름으로 기도합니다. 아멘.

쉬운 영어 기도

My Savior loves me.

나의 구세주는 나를 사랑합니다.

He died to save me.

그는 나를 구원하기 위해 돌아가셨습니다.

13. 하나님, (   )(이)가 하나님을 사랑하고
   부모님 말씀을 잘 듣는 사람이 되기를 기도합니다.
   하나님과 부모님의 사랑을 감사하는 마음이
   날마다 자라도록 도와주세요.
   예수님의 이름으로 기도합니다. 아멘.

쉬운 영어 기도

O God, take care of me.
오 하나님, 저를 돌보아주세요.
Protect me, o God.
저를 보호해주세요, 오 하나님.

14. 하나님, 밝은 태양과 노래하는 새들과
　　예쁜 꽃들과 나무들을 주셔서 감사합니다.
　　(　　　)(이)가 이것들을 볼 때마다.
　　하나님의 사랑과 은혜를 느끼며 감사하게 해주세요.
　　예수님의 이름으로 기도합니다. 아멘.

쉬운 영어 기도

God, I am sick.

하나님, 제가 아파요.

Please heal me.

저를 낫게 해주세요.

15. 하나님은 찬양을 기뻐하십니다.

   (   )(이)가 찬양 노래 배우는 것과
   찬양 노래 부르는 것을 좋아하게 해주세요.
   예수님의 이름으로 기도합니다. 아멘.

쉬운 영어 기도

I am so happy.
저는 무척 행복해요.
I praise You, God.
하나님을 찬양합니다.

16. 하나님, (   )(이)가 아는 어른들을 만나면
    항상 큰 목소리로 인사를 잘해서
    칭찬받는 어린이가 되게 도와주세요.
    예수님의 이름으로 기도합니다. 아멘.

쉬운 영어 기도

God bless my mom and dad.
하나님, 저의 엄마와 아빠를 축복해주세요.
God bless my family.
하나님이 저의 가족을 축복해주세요.

17. 하나님, (   )(이)가 친구들과 만나면
    싸우지 않고 지내도록 도와주세요.
    양보하고 도와주는 마음을 배우게 해주세요.
    예수님의 이름으로 기도합니다. 아멘.

쉬운 영어 기도

God, You are great.
하나님, 하나님은 위대하십니다.
Jesus, I praise Your name.
예수님, 저는 예수님의 이름을 찬양합니다.

18. 하나님, (   )(이)가 단것을 자주 먹지 않게 도와주세요.
이를 파먹는 벌레는
사탕이나 아이스크림을 좋아한다는 걸 알게 해주세요.
예수님의 이름으로 기도합니다. 아멘.

쉬운 영어 기도

God, always be near me.
하나님, 항상 제 곁에 있어주세요.
God, always love me.
하나님, 항상 저를 사랑해주세요.

19. 하나님, (   )(이)가 혼자서 방에서만 놀지 말고 놀이터나 운동장에서
친구들과 함께 노는 것을 좋아하도록 도와주세요.
예수님의 이름으로 기도합니다. 아멘.

쉬운 영어 기도

God, You always love me.
하나님, 하나님은 항상 저를 사랑합니다.
So I am thankful and glad.
그래서 저는 감사하고 기뻐요.

20. 하나님, (   )(이)가 꽃을 볼 때마다
녹색 줄기에서 빨간색 꽃이나 노란색 꽃을
나오게 하신 하나님의 크신 능력을 느끼게 해주세요.
예수님의 이름으로 기도합니다. 아멘.

쉬운 영어 기도

God, make me healthy.

하나님, 저를 건강하게 해주세요.

Jesus, make me strong.

예수님, 저를 튼튼하게 해주세요.

21. 하나님, (   )(이)가 땅이나 나무에서 새싹을 볼 때마다
차가운 땅이나 딱딱한 나뭇가지를 뚫고
새싹을 나오게 하신 하나님의 능력을 느끼게 해주세요.
예수님의 이름으로 기도합니다. 아멘.

쉬운 영어 기도

God, make me tall.

하나님, 저를 키가 크게 해주세요.

Lord, make me happy.

주님, 저를 행복하게 해주세요.

22. 찬양을 기뻐하시는 하나님,

　　(　　)(이)가 찬양 노래를 듣거나 배우거나

　　부르는 것을 기뻐하게 도와주세요.

　　예수님의 이름으로 기도합니다. 아멘.

쉬운 영어 기도

God, help me (to) study well.

하나님, 제가 공부를 잘하게 도와주세요.

Jesus, help me (to) sing well.

예수님, 제가 노래를 잘하게 도와주세요.

23. 하나님, 하나님은 (   )(이)를
하늘만큼 땅만큼 사랑하시며
잠도 안 자고 돌보신다는 것을 알게 해주세요.
예수님의 이름으로 기도합니다. 아멘.

쉬운 영어 기도

My mom and dad love me.
저의 엄마와 아빠는 저를 사랑합니다.
God, thank You for their love.
하나님, 그들의 사랑에 감사드립니다.

24. 하나님, (   )(이)가 밤하늘에 떠 있는
수많은 별들을 보며
별을 만드신 하나님의 위대한 능력을 느끼게 해주세요.
예수님의 이름으로 기도합니다. 아멘.

쉬운 영어 기도

My grandpa and grandma love me.
저의 할아버지와 할머니는 저를 사랑합니다.
God, thanks for their love.
하나님, 그들의 사랑에 감사드립니다.

25. 하나님, (   )(이)가 아침에 눈을 뜨면
새로운 하루를 선물로 주신 하나님께
감사의 기도를 하게 해주세요.
예수님의 이름으로 기도합니다. 아멘.

쉬운 영어 기도

I like flowers.
나는 꽃들을 좋아합니다.
God, thank You for making flowers.
하나님, 꽃들을 만들어주셔서 감사합니다.

26. 하나님, (   )(이)가 잠자리에 들 때마다
하루를 안전하게 지켜주신 하나님께
감사의 기도를 하게 해주세요.
예수님의 이름으로 기도합니다. 아멘.

쉬운 영어 기도

I like birds.
저는 새들을 좋아합니다.
God, thanks for making birds.
하나님, 새들을 만들어주셔서 감사합니다.

27. 최고의 의사이신 하나님, (   )(이)가 아플 때마다
　　울거나 겁내지 말고
　　하나님께 간절히 기도하게 해주세요.
　　예수님의 이름으로 기도합니다. 아멘.

쉬운 영어 기도

I like my friends.

저는 친구들을 좋아합니다.

God, help them (to) like me.

하나님, 그들이 저를 좋아하게 도와주세요.

28. (   )(이)를 사랑하시는 하나님,
    하나님이 (   )(이)를 너무나 사랑하셔서
    하늘과 땅에 있는 모든 것을 만드셨다는 것을
    알게 해주세요.
    예수님의 이름으로 기도합니다. 아멘.

쉬운 영어 기도

God, sometimes I don't like to pray.
하나님, 때때로 저는 기도하기를 좋아하지 않아요.
God, help me (to) like to pray.
하나님, 제가 기도하는 것을 좋아하게 도와주세요.

29. (   )(이)를 사랑하시는 하나님,
    하나님이 (   )(이)를 너무나 사랑하셔서
    밤에 다닐 때 캄캄해서 무섭지 말라고
    달을 만드셨다는 것을 알게 해주세요.
    예수님의 이름으로 기도합니다. 아멘.

쉬운 영어 기도

God, I am sick now.
하나님, 저는 지금 몸이 아파요.
Please take care of me.
저를 돌보아주세요.

30. 하나님, (   )(이)가 동생과 싸우지 않고
사이좋게 놀도록 도와주세요.
같이 놀 수 있는 동생이 있다는 것을
감사하게 해주세요.
예수님의 이름으로 기도합니다. 아멘.

쉬운 영어 기도

Jesus, You are my Savior.
예수님, 예수님은 저의 구세주입니다.
Jesus, thank You for saving me.
예수님, 저를 구원해주셔서 감사합니다.

31. 하나님, (   )(이)가 예수님이
    마음속에 계시며 도와달라고 기도하면
    항상 도와주신다는 것을 믿게 해주세요.
    예수님의 이름으로 기도합니다. 아멘.

쉬운 영어 기도

Jesus, You love me.
예수님, 예수님은 저를 사랑합니다.
Jesus, You are in me.
예수님, 예수님은 제 마음에 계십니다.

32. 하나님, 아무도 집에 없어

   (   )(이)가 외롭거나 슬플 때도
   마음속에 계시는 예수님과
   기도로 이야기를 나눌 수 있는 믿음과 용기를 주세요.
   예수님의 이름으로 기도합니다. 아멘.

쉬운 영어 기도

Jesus, You are always with me.
예수님, 예수님은 항상 저와 함께 계십니다.
Jesus, You are my best friend.
예수님, 예수님은 저의 가장 좋은 친구입니다.

33. 하나님, (　　)(이)의 키가
    날마다 자라는 만큼
    믿음과 지혜도 함께 자라게 도와주세요.
    예수님의 이름으로 기도합니다. 아멘.

쉬운 영어 기도

God, I pray for my country.

하나님, 나의 나라를 위해서 기도합니다.

God bless my country.

하나님 나의 나라를 축복해주세요.

34. 하나님, (   )(이)가 하나님 말씀도 열심히 배우고
학교 공부도 열심히 해서
하나님께 사랑받는 훌륭한 사람이 되게 해주세요.
예수님의 이름으로 기도합니다. 아멘.

쉬운 영어 기도

God, thanks for Your love and grace.
하나님, 하나님의 사랑과 은혜에 감사드립니다.
God bless my church.
하나님 저의 교회를 축복해주세요.

35. 하나님, (   )(이)가 부모님이나 친구들한테
잘못한 일이 있을 때마다
예수님께 '용서해주세요'라고 기도하게 해주세요.
예수님의 이름으로 기도합니다. 아멘.

쉬운 영어 기도

God, I love my mom and dad.
하나님, 저는 엄마와 아빠를 사랑합니다.
God bless them.
하나님 그들을 축복해주세요.

36. 하나님, (   )(이)에게 친구들이
    잘못한 일이 있을 때마다
    예수님처럼 사랑의 마음으로 용서하게 해주세요.
    예수님의 이름으로 기도합니다. 아멘.

쉬운 영어 기도

Lord, I love my grandpa and grandma.
주님, 저는 할아버지와 할머니를 사랑합니다.
Lord, be always with them.
주님, 그들과 항상 함께해 주세요.

37. 하나님, (   )(이)가 할아버지, 할머니,
엄마, 아빠, 동생(형, 오빠)을 위해
날마다 기도하게 도와주세요.
예수님의 이름으로 기도합니다. 아멘.

쉬운 영어 기도

God, You are my teacher.
하나님, 하나님은 저의 선생님입니다.
Please help me (to) understand God's Word well.
제가 하나님의 말씀을 잘 이해하도록 도와주세요.

38. 하나님, (   )(이)가 좋아하고
    잘하는 것이 무엇인지 알 수 있도록
    (   )(이)에게 알려주세요.
    예수님의 이름으로 기도합니다. 아멘.

쉬운 영어 기도

God, I want to become a great person.
하나님, 저는 훌륭한 사람이 되고 싶어요.
God, help me (to) become a great person.
하나님, 제가 훌륭한 사람이 되도록 도와주세요.

39. 하나님, (   )(이)가

　　하나님과 아빠, 엄마를 기쁘게 하기 위해
　　하루 한 가지 착한 일을 하게 해주세요.
　　예수님의 이름으로 기도합니다. 아멘.

쉬운 영어 기도

Jesus, thank you for my parents.
예수님, 저의 부모님에 대해 감사드립니다.
They are always kind to me.
그들은 저에게 항상 친절합니다.

40. 하나님, (   )(이)가 기쁜 마음으로
할아버지(할머니)와 함께
기도하게 도와주셔서 감사합니다.
예수님의 이름으로 기도합니다. 아멘.

쉬운 영어 기도

God, You give me a lot of grace every day.
하나님, 하나님은 저에게 날마다 많은 은혜를 주십니다.
Thank You for Your grace.
하나님의 은혜에 감사드립니다.

십계명

1. 너는 나 외에는 다른 신들을 네게 있게 말지니라.

2. 너는 아무 형상이든지 너를 위하여 우상을 만들지 말고, 그것들에게 절하지 말며, 그것들을 섬기지 말라.

3. 너는 너의 하나님 여호와의 이름을 망령되이 일컫지 말라.

4. 안식일을 기억하여 거룩히 지키라.

5. 네 부모를 공경하라.

6. 살인하지 말지니라.

7. 간음하지 말지니라.

8. 도적질하지 말지니라.

9. 네 이웃에 대하여 거짓증거하지 말지니라.

10. 네 이웃의 집을 탐내지 말지니라.

The Ten Commandments

1. You Shall have no other gods before me.
2. You shall not make for yourself an idol in the form of anything. And you shall not bow down to them or worship them.
3. You shall not misuse the name of the Lord your God.
4. Remember the Sabbath day by keeping it holy.
5. Honor your father and your mother.
6. You shall not murder.
7. You shall not commit adultery.
8. You shall not steal.
9. You shall not give false testimony against your neighbor.
10. You shall not covet your neighbor's house.